NOTES

SUR

LE PASSÉ CONTEMPORAIN

1830 – 1850

LA PRÉTENDUE ANTINOMIE

DE BOURGEOISIE ET DE PEUPLE

PAR

Henri DONIOL

MEMBRE DE L'INSTITUT

PARIS

1893

NOTES

LE PASSÉ CONTEMPORAIN

1830 – 1850

LA PRÉTENDUE ANTINOMIE

DE BOURGEOISIE ET DE PEUPLE

PAR

HENRI DONIOL

MEMBRE DE L'INSTITUT

PARIS

—

1893

EXTRAIT DU COMPTE RENDU

De l'Académie des Sciences morales et politiques

(INSTITUT DE FRANCE)

PAR MM. HENRY VERGÉ ET P. DE BOUTAREL

Sous la direction de M. le Secrétaire perpétuel de l'Académie

LA PRÉTENDUE ANTINOMIE

DE BOURGEOISIE ET DE PEUPLE

Le moment ne tardera guère où l'histoire du gouvernement de 1830 entrera dans le domaine des recherches. Comme elle date déjà de loin, les préventions seront effacées, la passion amortie, les partis pris, l'engouement ou l'inimitié des contemporains auront disparu, elle deviendra un objet d'étude. On s'apercevra que notre ordre politique d'à présent eut sa préface dans celui d'alors, et l'on sentira le besoin de demander à ce dernier les indications ou les conséquences qui relient, à travers le temps, les faits procédant de données communes.

Le gouvernement de 1830 eut à peine un règne de dix-huit années, et dix-huit années sont bien peu pour l'histoire. Mais les proportions de l'existence importent quelquefois autant que la durée. Dans les annales d'un siècle que caractérisera la poursuite de la liberté politique, ce sera le cas pour ce règne. C'est grâce à lui que des hommes n'ayant que la démonstration de leur intelligence et de leur talent pour tout acquis ont pu naturellement prendre les premières places dans l'administration de leur pays et y appeler des successeurs de même fortune qu'eux. Avoir rétabli et, semble-t-il, institué désormais la vie parlementaire, que l'esprit de réaction s'était imaginé de supprimer, qui a gagné depuis presque tout le continent, demeurera un fait notable, et, pour le roi qui s'y prêta, un titre à ne point oublier.

Entre les questions que suggèrera cette période de notre vie contemporaine, il y en a une à laquelle l'avenir fera probablement peu de place, faute de fond sérieux, mais dont le sujet, regardé du point où nous sommes, entretient un malentendu propre à jeter les faits dans une dangereuse voie. On s'est souvent servi, il y a 60 ans, de cette expression : « la bourgeoisie de 1830 ». C'était parfois en bonne part, pour marquer le contraire des prétentions qui avaient dominé les règnes précédents ; ç'a été beaucoup aussi en vue de déconsidérer le règne nouveau ou de le diminuer. Toutefois, l'expression fut revêtue ensuite d'un sens qui ne tendait à rien moins qu'à lui donner l'acception de classe, à édifier sur cette acception une conception du passé et à en déduire, par suite, tout un système d'établissement social. Nous sommes aux prises avec le retentissement qui en est résulté dans les choses. Avant tout il sera essentiel d'être fixé sur ce que cela valut et sur le compte que doit en tenir l'histoire.

Il allait de soi que le gouvernement de juillet eut pour ennemi immédiat et d'une manière ouverte le parti qu'il avait renversé. C'est ce parti d'abord, le parti « carliste », comme M. Thiers le baptisa pour simplifier, qui fit de la dénomination de « bourgeoisie » une appellation politique contre le nouveau règne. Il pensait le déprécier par l'acception inférieure que les réminiscences d'un autre âge lui faisaient attacher au mot. Répétant ce mot à tout propos, dans le journalisme, dans les salons, dans la littérature, partout, il le fit passer en usage. Il supposait tourner par là en adversaire l'ensemble du peuple, censé pour lui sous sa direction grâce à l'Église. L'abbé de Genoude fonda sur cette idée toute une politique jusqu'à la Révolution de 1848, où il fut surpris de son peu de succès.

La vérité est que, cette « bourgeoisie » marquée ainsi

de médiocrité par des vaincus impuissants pour l'amoindrir était le monde des carrières libérales de tous degrés et de toute sorte, le monde de l'industrie et du commerce à tous les étages, de la propriété urbaine et rurale presque unanimement, autrement dit la société vivante et agissante tout entière, peuple des villes, peuple des campagnes aussi bien que bourgeoisie, d'où s'élevèrent aussitôt les plus grands orateurs de ce siècle, de grands littérateurs, de grands artistes, de grands applicateurs de la science et de l'observation aux progrès matériels qui nous ont tranformés.

Mais de nouveaux partis s'établirent, et il s'en éleva un qui imagina de revêtir d'une signification différente la dénomination qu'avaient ironiquement employée les vaincus. Il entendit persuader les esprits que le gouvernement né du mouvement de juillet était, d'intention et en réalité, le fait d'une caste ; une caste reconnaissable d'ancienne date, non plus à des privilèges terriens ou d'institution royale, mais à l'aisance conquise et à l'esprit d'exclusion qu'il affirmait en résulter envers ceux qui n'y étaient pas parvenus. Ce parti était celui qui se déclara « parti républicain » et qu'il y aurait plus d'exactitude à baptiser « parti des jeunes ». Naturellement, il se réclama du peuple. Une portion prit pour drapeau *Les Droits de l'homme* et se traça une théorie historique de la Révolution d'après laquelle, voulant être essentiellement avec Robespierre, elle montrait dans les faits, entre le peuple et la bourgeoisie, à peu près les mêmes différences d'action et de but qu'on a éditées depuis. Ce parti appuya assez bruyamment sur les milieux ouvriers ses agressions contre la monarchie. Il dénigra, il accusa même auprès d'eux le gouvernement comme étant, au préjudice de leurs intérêts, la chose de la catégorie de citoyens qui approchaient ce gouvernement ; et ces citoyens étaient surtout de ceux que, depuis le commencement du siècle au moins, le langage usuel désignait par le mot de bourgeoisie pour signifier qu'ils avaient atteint un certain degré d'éducation générale et de fortune.

Toutefois, ce moyen d'opposition ne dépassait guère le domaine du journalisme, en ce temps-là très restreint. Il avait été, de la part du plus autorisé des républicains de cette époque, de la part d'Armand Carrel, l'objet d'une réfutation qui restera, sur la Révolution française, une des pages les plus solides et les mieux scrutées ; on souhaiterait d'en voir écrire aujourd'hui de pareilles contre l'ordre d'idées qui a troublé la tradition (1). C'était donc un procédé de critique politique, et probablement il aurait été passager. La pensée que le mot de « bourgeoisie » correspondait à une situation sociale, à la condition, maîtresse d'elle, dérivée du fait de la fortune en regard de celle où se trouvaient les hommes asservis à leur besoin parce qu'ils ne possédaient que leurs bras ou leur intelligence, cette pensée reçut bien ensuite, de la plume de Jean Reynaud, une formule écrite. Mais Jean Reynaud donna cette formule dans l'*Encyclopédie Nouvelle* (2), œuvre du Saint-Simonisme assagi et philosophique, sans grande publicité quoique assez recherchée par la jeunesse. Il traduisait là les anciennes préoccupations du maître pour « la classe la plus nombreuse et la plus pauvre », en faisant de « bourgeoisie » le synonyme de « liberté », et de « liberté » l'équivalent d'être au-dessus du besoin. Ce n'était que spéculatif et cela n'aurait eu d'effet qu'à la longue, si bientôt le livre d'un rhéteur, qui fut très acclamé par des raisons divergentes, n'avait commencé à

(1) *Rapport sur le manifeste de la Société des droits de l'homme, lu à la Société de défense commune de la liberté de la presse le 8 décembre 1833,* publié en 1835, sous le titre de : *Extrait du dossier d'un prévenu de complicité morale dans l'attentat du 28 juillet.* Paris, Paulin, in-8 de 59 pages.

(2) Article *Bourgeoisie,* dans le tome 1er de l'*Encyclopédie Nouvelle,* in-4º, publication sur deux colonnes, qui parut en 1837. — Paris, Charles Gosselin.

ériger cette conception même en interprétation positive de ce qui existait, bien plus, à répandre la créance que les lois de la société étaient faites intentionnellement pour que telles fussent les choses et que telles elles restassent.

Ce livre est l'*Histoire de dix ans*, de Louis Blanc, complétée après par le volume d'introduction qui forme le premier tome du traité de démagogie rétrospective intitulé : *Histoire de la Révolution française*. Ensemble ils ont mis dans la circulation l'idée que ceux qui ne possèdent rien et dont les intérêts individuels et la culture première sont encore à créer, constituent une classe existant par elle-même en face de ceux à qui la longue continuité du travail, de l'épargne, du développement intellectuel peu à peu réunis et fécondés l'un par l'autre, ont permis d'édifier progressivement un état social où tout le monde ne se trouve pas seulement mieux qu'à l'origine, mais successivement mieux à mesure du temps. Ces derniers étaient pour Louis Blanc « la Bourgeoisie », les autres formaient « le Peuple ». Il faisait cette définition catégorique dès la préface de l'*Histoire de dix ans* : « Par *bourgeoisie*, j'entends « l'ensemble des citoyens qui, possèdent des instruments « de travail ou un capital, travaillent avec des ressources « qui leur sont propres et ne dépendent d'autrui que dans « une certaine mesure. Le *peuple* est l'ensemble des « citoyens qui, ne possédant pas de capital, dépendent « d'autrui complètement et en ce qui touche aux premières « nécessités de la vie (1). »

(1) Jean Reynaud avait écrit : « Je nomme personnellement libre... « celui qui n'est engagé dans la société que par un contrat réciproque, « qui ne s'oblige qu'en obligeant à son tour, qui travaille, mais avec la « faculté de disposer de son travail, ... qui est maître de sa personne, en « un mot ». Et plus loin : « ... Quelle est donc la raison qui fait que « parmi les citoyens voués au travail les uns sont libres tandis que les « autres ne le sont pas ?.... C'est que les uns sont en situation de pou- « voir débattre le contrat qui règle leur travail, tandis que les autres sont

Jusqu'alors on avait cru, non sans preuves, que le développement de la société s'était opéré en France par la continuelle accession de ce que Louis Blanc appelait « le peuple » aux avantages inhérents à ce qu'il qualifiait de « bourgeoisie », et que ce développement s'était marqué par l'augmentation constante en surface, c'est-à-dire pour un plus grand nombre, et en profondeur, c'est-à-dire en avantages palpables, des bénéfices de la vie sociale. A ses yeux c'était une erreur, puisqu'il y avait toujours du « peuple » et puisque la « bourgeoisie » avait pris de plus en plus d'importance et de moyens. Qui plus est cette dernière, depuis les communes où il voyait ses commencements, avait toujours agi et conquis dans son intérêt seul ; et cela sautait aux yeux dans le présent, la chute de l'Empire ayant désormais rendu cette « bourgeoisie » détentrice du gouvernement.

C'est en 1841 que ces vues se produisaient. Les théories que Louis Blanc développa postérieurement et qu'il s'efforça de transformer en faits furent dès lors assises, le point de départ des agitations sociales répandues aujourd'hui partout se trouvait posé. Sans démontrer aucunement, comme si elle allait de soi, la prétendue opposition de la bourgeoisie et du peuple, Louis Blanc l'avait érigée en un système d'histoire auquel il se réservait de donner des bases. Il composa donc l'introduction à l'*Histoire de la Révolution*, pour établir sur une apparente érudition que l'œuvre calculée de domination de la bourgeoisie sur le peuple remontait loin dans le passé de la France et y était resté permanente.

On s'étonnerait volontiers, à cette heure, que des idées reposant sur d'aussi singulières notions des choses ou sur

---

« obligés d'y souscrire aveuglément, en toute hâte, comme Esaü qui
« vend son droit pour un plat de lentilles ». On voit que Louis Blanc
résumait et paraphrasait tout simplement Jean Reynaud.

une interprétation aussi arbitraire, aient pu sembler justes et procurer à la réthorique sentencieusement véhémente dont leur auteur les habilla le crédit qu'elles ont eu. Il faut dire que pour un peu la littérature historique, et pour beaucoup la littérature théâtrale en avaient fait alors une propension. Ces livres ne sont pour ainsi dire plus lisibles ; l'*Histoire de dix ans* ne remua pas moins très fortement les esprits jeunes, qui croyaient apprendre en cherchant des impressions. L'écrivain y était resté tout simplement journaliste de parti. Il avait accepté à peu près sans critique, des cajoleries de personnages de marque dans le parti légitimiste, une nuée de renseignements ulcérés contre le roi Louis Philippe, en même temps des récits, des détails, des mots à sensation de la part de combattants de 1830 ou des auteurs du nouveau règne congédiés ou séparés. Tout cela, coloré par des jugements tranchants et de la suffisance déclamatoire, eut l'énorme retentissement que devaient procurer ensemble les dispositions du moment et la passion de l'inimitié ou celle des espérances. Non seulement la vue fausse de l'antinomie de peuple et de bourgeoisie entra dans les idées ; mais sans voir, en outre, qu'ils étaient dupes de l'affectation de l'auteur, beaucoup se plurent à la nouveauté d'assertions par lesquelles, dans les choses récentes, cette « bourgeoisie » était montrée faisant abdiquer l'Empereur qui, lui, représentait le peuple, inspirant à Louis XVIII d'appeler le duc Decazes en vue de s'assurer pour elle le gouvernement, soulevant ce peuple contre le coup d'état de Charles X afin de conserver sa force acquise, et fermant bien vite, après, tout partage à la table mise, de sorte que le règne de 1830 n'était qu'une agape bourgeoise à disperser.

Il fallait cette manière de controuver l'œuvre politique des esprits les plus élevés de notre pays, et qui s'est continuée sans relâche en vue de faire passer dans une constitution dont l'autorité fut garantie les principes de la

Révolution française, pour accorder l'histoire avec l'opinion que Louis Blanc entendait établir quant à l'organisation de la société. Cette opinion, c'était qu'à l'opposé de l'application individuelle et libre du capital acquis à la mise en œuvre du travail humain et des éléments matériels de production, il y avait un mode seul efficace et seul juste de faire vivre les hommes dénués de tout moyen de subsistance ; c'était que les possesseurs du capital formé s'arrangeaient, contre le droit, pour que le gouvernement qui établissait les lois leur appartînt et empêchât qu'elles ne fussent autrement. Comme si ce capital consistait en une espèce de fonds existant de soi et qu'une faction de premiers occupants se serait appropriée ; comme si de la seule vue du développement des sociétés ne dérivait pas la notion intransgressible que, sans les mobiles individuels portant à l'épargne et par l'épargne à la formation du capital, il n'en serait pas créé du tout faute d'intérêt à le produire, le sophiste s'éprenait de la vieille conception qui attribuait au pouvoir public la détention du capital réalisé, l'en constituait le seul metteur en œuvre et l'érigeait en répartiteur souverain du bénéfice.

C'est à la mesure de cette conception propre aux premiers âges de la civilisation ou aux civilisations effondrées, que Louis Blanc jugeait les gouvernements et surtout le gouvernement de 1830. Il est certain que ce gouvernement n'eut pas des idées pareilles, et l'avenir ne l'en blâmera point. Comme ses prédécesseurs, il pensait que le règne relativement le plus assuré possible *du tien et du mien*, ainsi que parlait Colbert pour exprimer la décrépitude des pays où il ne se trouvait pas, offrait l'unique mode rationnel d'état social et l'unique fécond. Ce gouvernement voulut n'avoir qu'un personnel politique restreint, et par manière de parler on pourrait dire de ce personnel qu'il était une classe ; en réalité ce fut tout au plus un groupe. Ajoutons, si l'on veut, que ce groupe tâchait de demeurer une oligar-

chie parce qu'il était arrivé à l'importance d'intérêts et
conséquemment, pensait-il, aux conditions nécessaires pour
participer au gouvernement ; ce fut, en tous cas, un groupe
à entrée libre, puisqu'il s'ouvrait de soi à qui s'élevait assez
pour payer le chiffre d'impôts qui était sa limite. Mais
c'est quant à la politique seulement que ce groupe agit avec
l'intention de ne pas se laisser élargir. Il n'y eut pas une
circonstance d'où l'on soit en droit d'induire qu'il l'ait fait
pour autre chose, et qu'en vue d'établir de nouveau ou
plus profondément des attributs sociaux lui constituant des
avantages propres, il ait institué des doctrines ou prescrit
des pratiques de nature à rendre intentionnellement une
fraction quelconque de citoyens dépendante d'une autre.

Dans l'ordre civil et dans l'ordre fiscal, qui se comman-
dent partout l'un l'autre, les lois nées de la Révolution
française avaient établi d'autres principes que ceux d'au-
paravant, et donné naissance à un cours différent des faits.
Ces principes et ces faits semblaient fondés sur la nature
des choses. Même avec l'infériorité acceptée par le code
civil entre le témoignage du domestique et celui du maître,
même avec le délit de coalition puni par le code pénal, on
avait la croyance d'être absolument dans la justice et dans
la vérité. Est-ce l'existence du délit de la coalition de la
part des salariés qui condamnerait cette croyance ? Mais il
existait aussi bien contre les patrons. Est-ce parce qu'il
était puni moins sévèrement chez ces derniers que chez les
autres ? Le nombre et la force brutale qui réside dans le
nombre ont toujours appelé des mesures spéciales de la part
du législateur, comme les actes de perversité dangereuse.
Nul autre motif que celui-là n'avait dicté cette différence
de pénalité d'une catégorie de délinquants à l'autre (1).

(1) Le délit de coalition ne fut guère, après tout, que pour intimider.
Les statistiques ne remontent pas à l'origine ; mais elles font voir qu'en
25 années, de 1825 à 1850, il y eut en totalité 1.325 poursuites, dont 17

Il n'est pas douteux que le personnel politique dans les mains duquel demeura le gouvernement de 1830 eut, du régime social sous lequel son temps vivait, l'opinion que nous venons de dire ; il est faux qu'une autre cause en existât sinon que c'était l'opinion de tout le monde, hors de France comme en France, moins les sectateurs d'utopies, et elle la deviendra de nouveau lorsque les notions sensées auront repris leurs droits sur l'anarchie des idées. Du reste, l'utopie de Louis Blanc n'était pas la première ; il l'empruntait à Cabet, qui la tenait, lui, de Babeuf. C'était donc l'opposé de la vérité, de représenter non seulement le personnel politique de 1830, mais celui dont on aurait dû l'augmenter autant que c'était souhaitable, autrement dit tout ce qui était « bourgeoisie », comme une classe que cette qualification marquât en tant que l'ennemi à vrai dire constitutionnel d'une autre classe qu'on pût appeler « le peuple. » Ce personnel politique était convaincu que, des institutions conquises et des lois qui en dériveraient, il proviendrait, par impulsion naturelle, une situation pour chacun plus favorable le lendemain que la veille, et les faits témoignaient qu'effectivement il en allait ainsi. L'histoire a trouvé quelquefois autre chose dans une époque, elle ne saurait exiger mieux.

Un détail curieux, c'est de voir la peine puérile que se donnait Louis Blanc, dans le récit des journées de juillet, pour amener à croire que déjà l'opposition de la bourgeoisie et du peuple s'y était accusée manifestement. Sa narration n'arrivant guère à la montrer, il s'en tirait en affirmant que cette opposition était latente, ignorée même de ceux au profit de qui il voulait en faire un système, mais que bientôt elle s'accuserait nécessairement. Tout cela par

furent engagées sur la plainte des intéressés, soit une moyenne de 53 par an dans la France entière ; et ensemble elles n'entraînèrent que 137 condamnations à plus d'un an d'emprisonnement.

besoin de trouver matière à sentences. Les faits se refusaient à y prêter appui. Si jamais les situations sociales se sont intimement mêlées dans une action commune, c'est dans les péripéties de la bataille de 1830. Il appartient d'en témoigner à ceux qui datent d'alors. Toute action de cette nature se passe forcément sur deux scènes. Il y a le théâtre des négociations et où l'on parle, il y a celui du soulèvement et des assauts par la poudre. L'un est différencié de l'autre par l'âge, le tempérament, l'expérience, et il se contente plus aisément; mais tous les deux se meuvent de la même impulsion. Sur le théâtre du feu, toutefois, que l'histoire le tienne pour indubitable, jeunes hommes de la bourgeoisie et des écoles, ouvriers de métiers ou gens du peuple n'avaient obéi qu'au même entraînement contre les perspectives dessinées par le gouvernement de Charles X. L'imagination seule, chez Louis Blanc, y a découvert des mobiles sociaux différents.

Quel destin, pourtant, n'ont pas les livres ou les systèmes dans lesquels l'éternelle plainte entretenue par l'inégalité des biens au sein des sociétés est revêtue de l'apparente autorité des faits ! Du dogmatisme sans fondement de l'*Histoire de dix ans* sont nées et la politique socialiste qui, la veille de 1848, se greffa sur les difficultés intérieures dont le gouvernement de 1830 s'était accablé de lui-même, et celle qui eut un si prompt et si terrible retentissement sous le gouvernement de 1848. Celle qui en ces dernières années a pris pied dans toute l'Europe et encombre de menaces non négligeables le moment présent, en vient de même directement. Et ce n'est pas tout. On peut dire que les déclamations dont Louis Blanc développa le thème ont changé insensiblement la source des idées publiques. Il semble qu'une minorité seulement, aujourd'hui, croie à la fécondité de la liberté du travail pour élever la condition humaine. L'opinion est comme positive que cette liberté, l'œuvre essentielle de la Révolution Française, ne profite qu'aux riches, qu'elle produit la détresse pour ceux qui ne le sont pas, et qu'à ceux-ci par-dessus tous autres appartiennent de droit les sollicitudes de la société. Presque jusque dans les sphères officielles on est porté à chercher la fécondité dans des conceptions que les lois imposeraient, fussent-elles l'opposé des modes où l'expérience de l'histoire apprend qu'il faut prendre la règle des choses.

Il y a plus : l'idée de l'antinomie de « bourgeoisie » et de « peuple » a pris, semble-t-il, la valeur d'un fait. Pour des politiques sérieux de ce temps-ci, ce qu'a écrit Louis Blanc est devenu le fonds historique. Non seulement le personnel du gouvernement de 1830, mais celui que créa la Révolution française, celui sur qui a reposé l'effort de notre siècle vers des institutions libres, est pour eux une classe dont heureusement la République, il y a vingt-deux ans, vint briser les barrières. A leurs yeux, ces ancêtres de notre société politique ont pour origine la prise de possession presque gratuite des biens confisqués par la Révolution sur l'Église, sur la Noblesse, et ils trouvent naturel de dire qu'ayant ainsi formé leur fortune, puis assuré leur avènement, ils se sont créé un pouvoir exclusif, appuyé sur le système économique du « laissez faire, laissez passer » qui leur sacrifie le personnel vivant de salaires.

Sans parler d'autres considérations, c'est n'avoir pas regardé le moins du monde au peu de profit qui fut tiré des biens nationaux par ceux qui les achetèrent et, d'ailleurs, à la manière dont ces biens se répartirent dans les localités ; c'est en outre s'imaginer que la Révolution n'eut de partisans que ces intéressés-là. A ce compte, que ne prétendrait-on que le Tiers-État de 1789 fit la Révolution uniquement pour qu'il y eut des biens nationaux à acheter à vil prix ? On ne lit pas sans étonnement ces assertions sur les pères du temps présent, chez un historien récent de la *Seconde république* qui est cependant, parmi les républicains d'aujourd'hui, un esprit réfléchi et d'intentions droites (1). Les vues justes et fécondes n'ont pas souvent la chance d'exercer leur empire à aussi longue portée que l'a fait l'*Histoire de dix ans.*

(1) Eugène Spuller, *Histoire parlementaire de la seconde république.* — M. Spuller, pour caractériser la bourgeoisie depuis 1789, écrit qu'elle s'était, « à la faveur de la grande commotion de la fin du « XVIII⁰ siècle, emparée à prix d'argent, mais à vil prix par l'acquisition « des biens nationaux, de la propriété du sol qui avait si longtemps « appartenu au clergé et à l'ancienne noblesse. » A la vérité, il ne dit pas comme Louis Blanc tout simplement « la bourgeoisie », mais « la haute bourgeoisie ». Cela ne rend son appréciation que plus erronée par deux motifs. L'un c'est que la « haute bourgeoisie » n'était devenue telle, c'est-à-dire un peu riche, que par l'industrie, par le commerce, par la Banque ou les fournitures sous le premier Empire et sous la Restauration ; si par suite elle avait des terres, elle ne leur devait de l'importance qu'à cause de la grande part faite à l'impôt foncier dans les lois électorales du moment. L'autre raison c'est qu'autant avant 1830 qu'alors, les efforts de cette catégorie de personnes en vue de conquérir des institutions politiques furent communs pour ainsi dire à tout le monde et non le fait de ces quelques-uns. Étant donné l'homme d'étude et de bonne volonté qu'est l'auteur, il y a une erreur d'autant plus grande, de sa part, à résumer comme il le fait tout uniment Louis Blanc, à écrire d'après lui que cette bourgeoisie, « se sentant nantie désormais et pour longtemps de l'influence politique et sociale, a eu pour préoccupation dominante d'exercer le gouvernement et de s'en servir à son profit exclusif, etc. ». — Si M. Spuller a restreint son accusation à ce qu'il appelle « la haute bourgeoisie » c'est probablement qu'il n'était pas sans mieux voir que Louis Blanc que ce qu'on aurait à appeler « la petite bourgeoisie, » pour comprendre la masse des adhérents au gouvernement de 1830 ou aux autres conquêtes antérieures, englobait singulièrement du « peuple » dans son sein.

197